# SOUVENIRS

## D'UN VOYAGE D'ALGER A CONSTANTINE,

### A TRAVERS LES MONTAGNES,

PAR ALI-EFFENDI-BEN-HAMDAN-BEN-OTSMAN-KHODJA.

Un mot avant d'entrer en matière. Ce n'est pas chose aisée de faire du français passable avec l'arabe le plus élégant. On partagera ma conviction, quand on saura que la répétition indéfinie d'un même mot ne constitue point un défaut de style en arabe, tandis qu'en français quiconque veut écrire, doit se condamner à suer sang et eau pour éviter de représenter la même pensée par les mêmes consonnances. Il ne s'agit pas de discuter ici le plus ou le moins de raison qui a dicté cette étrange règle, mais bien de prévenir le lecteur qu'il aura plus d'une fois à faire emploi de toute son indulgence à l'encontre du traducteur. Je le déclare, ces souvenirs de voyage sont écrits en arabe avec une élégance de diction telle, que l'on croit lire quelques chapitres des charmants voyages de Sindbâd le marin, et pourtant

I

ils ont été écrits en quelques heures. Il est encore un point dont il est bon de prévenir le lecteur; c'est que les narrations arabes, faites pour être lues par les hommes qui seuls savent lire, sauf de bien rares exceptions, comportent tant de *candeur*, de franchise et de naïveté dans les détails, qu'il faut, de toute nécessité, retrancher quelquefois des lignes entières qui feraient le plus grand plaisir aux Arabes, et qui nous en font tout autant à nous autres, orientalistes, à cette différence près que nous ne voudrions pas en convenir tout haut. Il était de mon devoir de prévenir que ce n'est point là un défaut propre à l'auteur de ces souvenirs de voyage. Pour le prouver, je ne dirai plus qu'un mot, c'est que notre enfance a été bercée des admirables contes des *Mille et une Nuits*, contes que toutes les mères ont mis entre les mains de leurs filles, traduits comme ils le sont par le *vertueux* Galland. Or, si jamais elles en avaient pu lire en arabe les cinquante premières lignes, elles eussent caché au fond de l'armoire la plus secrète, sinon jeté au feu le pauvre livre qui nous a charmés dans notre enfance, et peut nous charmer encore dans l'âge mûr.

F. DE SAULCY.

*A mon ami monsieur de Saulcy.*

Mon ami, vous m'avez prié d'écrire pour vous l'histoire de mon voyage à Constantine, et de vous donner des détails sur ce qui nous est arrivé pendant ce voyage, à mon père et à moi; enfin de vous raconter les mauvaises aventures et les nombreux désagréments que nous avons eu à souffrir, faute de précautions. Il ne m'est resté qu'un faible souvenir de tout cela, parce que je suis occupé en France de choses qui n'ont aucun rapport avec mes souvenirs, et parce que je consacre mon temps à acquérir des connaissances fort étrangères aux nôtres. Pourtant je me suis mis à réfléchir, pour me rappeler ces circonstances, et j'ai écrit tout ce qui m'est revenu à la mémoire. Je regrette d'avoir oublié les noms des montagnes que nous avons traversées, et des cheïkhs que nous avons visités. Excusez-moi, je vous prie, si je ne puis satisfaire entièrement votre curiosité sur ce point ; cela vient, comme je vous le disais, de ce que je suis depuis long-temps occupé de choses qui n'ont aucun trait à l'Algérie ; d'ailleurs plus on sait, plus on oublie. J'ai donc écrit, et si c'eût été pour un autre, je ne l'eusse pas fait ; car je ne suis pas habile à raconter, et surtout à arranger de belles phrases. Si donc vous voulez traduire en français mon récit, gardez-vous bien de le laisser comme il est, car il ne serait en vérité pas présentable. Vivez long-temps, et que votre présence me soit aussi conservée long-temps.

ALI.

# VOYAGE D'ALGER A CONSTANTINE.

Lorsque mon père vit que les Français craignaient qu'il ne fût contraire à leurs projets, et eut l'entière certitude que les délations des juifs et d'autres méchantes gens lui avaient valu cette méfiance, et cela par la seule raison qu'il était attaché au parti des Turcs, et qu'il avait été constamment bien traité par tous les deys, sans exception, il en conçut un très-vif chagrin. Tous les jours, il avait la visite de juifs qui venaient lui dire : donnez-nous tant, ou sinon le général vous exilera à Malte ou ailleurs ( ce qui, par parenthèse, est arrivé à d'autres ). Nous donnâmes de l'argent à ceux d'entre eux dont nous craignions l'influence, et nous en mîmes beaucoup d'autres à la porte.

Mais quand vint M. le duc de Rovigo, et que l'envie lui prit d'envoyer quelqu'un auprès d'Hadji-Ahmed-Bey, pour lui offrir la paix, il demanda à tous ceux qui composaient son entourage, qui d'entre eux pouvait remplir cette mission. Il ne s'en trouva pas un seul, parce que tous étaient des gens de rien, des hommes inconnus et sans influence, dont l'élévation est due à l'arrivée des Français. Dans leur embarras, ils eurent recours à mon père, et lui demandèrent qui pouvait, d'après son opinion, aller trouver Hadji-Ahmed. Il leur répondit : j'ai été son ami, mais son ami politique ; c'est-à-dire que quand les Turcs étaient les maîtres ici, il me témoignait de la bienveillance. Cela vient de ce que quand les beys se rendaient à Alger, comme ils étaient tenus de le faire chaque année, quelquefois ils n'avaient pas à leur disposition les présents et le montant du tribut qu'ils devaient payer ; alors je leur en faisais l'avance, et je prenais en remboursement du blé et des cuirs, que j'envoyais de Bone à Livourne. Hadji-Ahmed me montrait donc de l'affection, quand il voulait m'emprunter, et aujourd'hui même il me doit encore cent mille boudjou. Toutes les fois que j'ai réclamé mon argent, cela n'a pas eu l'air de lui plaire beaucoup. Ça a toujours été comme si j'avais mordu un morceau de cuir, comme disent les Arabes (1).

Cependant mon père s'imagina que, pour se tirer du mauvais pas dans lequel il se trouvait, et faire cesser la méfiance des Français à son égard, le meilleur moyen était de s'exposer à un danger presque certain en traversant les montagnes, et de se charger de cette mission.

Il alla trouver M. le duc de Rovigo, et eut avec lui un entretien sur ce sujet. Il lui dit : moi, j'irai auprès d'Hadji-Ahmed, et je ferai tout ce que vous voudrez. Il reçut immédiatement l'ordre de partir, et vint de suite à la campagne. Je ne me doutais de rien, et personne dans ma famille ne prévoyait plus que moi ce qui allait se passer. Personne, même à Alger, ne connaissait la mission donnée à mon père. Lorsqu'il arriva, j'étais occupé à planter des fleurs, et j'aperçus sur son visage une assez forte préoc-

---

(1) *Femachou senanna fy' ldjeld*, littéralement : *et nos dents ont marché dans du cuir*, c'est-à-dire qu'au lieu de mordre dans un bon morceau, on n'a mordu que de la peau.

cupation. Suivant un usage sacré pour nous, je ne me permis pas de lui en demander la cause. Il me dit seulement : prépare-toi, car demain nous irons ensemble à Djerdjerah chez le cheïkh Ben-Ayssah, pour lui faire une visite. L'annonce de ce voyage me réjouit beaucoup, parce que je m'ennuyais mortellement de rester dans l'inaction. Pendant la nuit qui suivit, on fut chercher un serviteur de Ben-Ayssah, qui était venu à Alger pour vendre des denrées et faire des emplettes. Il vint aussitôt, et nous nous préparâmes. Je fis donc mes adieux à ma famille et à mes amis. Notre départ eut lieu au milieu de l'été, et par une chaleur dont Dieu vous garde ! Nous enfourchâmes nos mulets à minuit, sans que je me doutasse le moins du monde que nous allions à Constantine.

Au moment de partir, je dis à mon père : laissons ces mulets et nous prendrons des chevaux ; cela vaut mieux. Il me répondit : j'ai le dessein de monter dans les montagnes, et les mulets sont bien meilleurs que les chevaux pour les chemins que nous y trouverons. Il ne voulut donc pas m'écouter, et nous marchâmes cette nuit et le jour suivant. Les Qabaïl qui nous accompagnaient ne voulurent pas nous laisser coucher dans Metidjah (1), car, suivant leurs dires, les habitants de cette plaine sont des voleurs ; nous ne fîmes donc qu'y déjeûner chez les Adjadjtha (2).

Je connaissais l'idiôme des Qabaïl, et toutes les fois que nos compagnons s'en servaient pour parler de nous, je les comprenais parfaitement, et je traduisais leur conversation à mon père.

_______________

(1) *Metidjah* et non pas *la Mitidjah*, comme les Français appellent cette plaine.

(2) Véritable nom de la tribu qu'on a imaginé en France d'appeler les *Hadjoutes.*

Lorsque nous fûmes arrivés au bout de Metidjah, nous commençâmes à gravir les montagnes, et nous mîmes pied à terre, pour prendre notre repas, dans un douar dont les habitants sont d'excellentes gens. Ils nous firent un accueil parfait, tout en nous demandant qui nous étions. Mon père leur dit: je vais faire une visite chez un cheïkh, et rien de plus. Là nous apprîmes que le cheïkh était absent de Djerdjerah, et qu'il était allé chez les Beni-Djenad, pour les engager à faire la paix avec la tribu qui habite la montagne située vis-à-vis de la leur.

A propos des Beni-Djenad, il s'est passé chez eux un fait qui n'est pas connu des Français, et qui n'est pourtant pas dénué d'intérêt. Cette tribu possède des forêts magnifiques. En 1824, le dey Hussein-Pacha voulut les faire exploiter, pour en tirer des bois de construction. Les Beni-Djenad qui vénéraient les arbres antiques de leurs forêts, au point même de faire des sacrifices de moutons sous leur ombrage, comme dans un temple, se refusèrent obstinément à en laisser couper un seul. Hussein-Pacha résolut alors d'obtenir par la force ce qu'on lui refusait de bonne grâce. Une armée algérienne fut donc envoyée sous les ordres de Iahya-Arha, l'un des meilleurs généraux que l'Algérie ait jamais possédés. Hadji-Ahmed l'accompagna en amateur ; il n'exerçait encore alors aucune charge de l'État. L'armée, obligée de battre en retraite, tomba au milieu d'une embuscade des Beni-Djenad, et reçut une fusillade si bien nourrie, que chacun, et l'arha lui-même, fut obligé de se cacher en marchant derrière son cheval. Hadji-Ahmed seul ne voulut pas mettre pied à terre, et continua sa route le plus tranquillement du monde, bien qu'il eût déjà reçu un coup de feu. Quand le danger fut passé, chacun s'extasia sur l'admirable sang-froid d'Hadji-Ahmed.

Mon oncle Caïd-Iousef (1) était auprès de lui lorsque la musique de l'arha commença à jouer une marche militaire. Hadji-Ahmed sur lequel elle faisait une vive impression, dit à Caïd-Iousef: si je pouvais entendre une semblable musique pour moi pendant dix jours seulement, je consentirais à mourir. Précisément dix jours après, le beylik de Constantine dont personne n'était capable de se charger, tant le pays est difficile à gouverner, lui fut donné par Hussein-Pacha. La mère d'Hadji-Ahmed qui était venue de Constantine à Alger avec la bourse bien garnie, eut probablement quelque influence sur l'élévation de son fils. Elle vivait encore lorsque j'étais à Constantine, où je la vis souvent. Ce qui me frappa le plus en elle, c'est que jamais elle ne portait de voile, bien qu'elle sortît fréquemment.

Nous fûmes donc obligés de changer de route pour aller au devant du cheïkh. Nous continuâmes à marcher ainsi pendant trois jours. Mon père qui est un vieillard, nullement habitué à monter à cheval jour et nuit, était extrêmement fatigué, et faisait tous ses efforts pour me le cacher. Quand nous approchâmes de la montagne des Beni-Djenad, nous commençâmes à avoir des nouvelles du cheïkh. On nous dit qu'il était dans telle et telle tribu. Le lendemain enfin, nous arrivâmes dans une tribu, et nous trouvâmes une foule immense (2) à la porte d'un gourby (3). Les hommes qui étaient avec nous apprirent que le cheïkh était là. Nous nous réjouîmes beaucoup d'être arrivés sains et saufs, car nous craignions fort de rencontrer des brigands (4)

---

(1) *Caïd* est le nom d'un grade qui correspond à peu près à celui de colonel.

(2) *Oummet Elhhachar*, littéralement: *la nation de l'autre monde*, c'est-à-dire une foule comparable à celle qui se pressera au jour du dernier jugement.

(3) *Gourby*, cabane en torchis.

(4) *Qotad Etthariq*, littéralement: *des coupeurs de chemins.*

sur notre chemin, sans compter le reste, surtout marchant comme nous le faisions, sans armes et purement à la grâce de Dieu.

Quand nous fûmes introduits près du cheïkh qui connaissait mon père depuis long-temps, il nous reçut de la manière la plus affectueuse et les yeux pleins de larmes. Il faisait une chaleur insupportable, et ce qui m'amusa beaucoup, fut de voir debout au-dessus de sa tête un de ses domestiques qui l'éventait à tour de bras avec un immense éventail de plumes. Il avait la manche de sa chemise retroussée jusqu'à l'épaule, pour mettre autant de force à donner de l'air à son maître, qu'on en met chez nous à donner des coups de bâton. Nous nous assîmes à ses côtés, au milieu d'un cercle de Qabaïl. Ce cheïkh me parut âgé d'environ soixante-dix ans. Il est plié en deux; son visage est très-ouvert, et orné d'une belle barbe blanche; certainement il a dû être très-beau dans sa jeunesse. Ses vêtements étaient d'une propreté recherchée; son entourage en revanche était ignoblement sale. Les Qabaïl vinrent, et chaque famille apporta assez de provisions pour rassasier tout le monde. Ces provisions consistaient en poules bouillies, en kouskous et en un grand plat de bois plein de gâteaux de miel chauds. Chacun mettant à terre ce qu'il apportait, bientôt le sol de la maison fut couvert. On commença par le repas que fournissait le maître de la maison. Alors celui-ci s'approcha, s'assit, sans rien prendre, et seulement pour forcer ses convives à manger, et à ceux qui refusaient parce qu'ils étaient rassasiés, il donnait des coups de poing dans les côtes en guise d'instances amicales pour les engager à faire honneur à son festin. Mon père et moi qui ne connaissions pas cet usage, nous mangeâmes tout notre saoul du premier coup, nous figurant qu'on ne toucherait pas au reste, et que le cheïkh le garderait pour lui. Mais ce ne fut pas plutôt fait, qu'un autre chef de famille vint prendre la place du premier, et commença à nous presser de manger, ainsi qu'avait fait l'autre. Il n'y eut protestation qui pût le convaincre, rien n'y fit! Dussions-nous crever (1), il nous fallut faire bonne contenance. Enfin tous les plats qu'on avait apportés passèrent devant nous l'un après l'autre, et leurs maîtres nous forcèrent d'avaler tour à tour, au point que nous pensâmes que nous avions mangé pour jusqu'à la fin de nos jours. Comme nous n'étions pas habitués à pareil régime, mon père fut malade pendant la nuit, surtout à cause du kouskous qu'il avait mangé par-dessus le miel chaud.

Quand ce repas fut terminé, les habitants de la maison vinrent, et firent entrer le cheïkh dans l'appartement des femmes, pour lui faire prononcer certains mots sur des grains d'orge destinés à être portés au cou par la maîtresse de la maison, à cette fin de lui faire faire des enfants.

Lorsque nous sortîmes, après nous être bien rempli l'estomac, ils enlevèrent le cheïkh, l'emportèrent à bras et le déposèrent sur sa mule. Je m'aperçus que les mules du cheïkh n'avaient plus de poil sur la queue, dont il ne restait plus que la chair. J'en demandai la cause à mes voisins, et j'insistai pour la savoir. Ils me répondirent à la fin que tout le poil était passé entre les mains des femmes, qui le conservaient comme des reliques saintes.

Les Bedouins et les Qabaïl se placèrent sur deux rangs; le cheïkh, mon père et moi, nous restâmes au milieu. Ils commencèrent alors à dire à haute voix : il n'y a de Dieu que Dieu! il n'y a de Dieu que Dieu! Et quand un rang avait fini, l'autre commençait, et cela dura tout le long du chemin. Nous nous trouvions en ce moment au milieu de trois mille hommes au moins.

---

(1) *Oua innama eftaq kurchaka oua fa bed takal*, littéralement : *et crève ton ventre, et il faut que tu manges.*

Toutes les fois que nous traversions une dechrat (1), aussitôt les habitants entouraient le cheïkh, et voulaient le faire descendre pour lui offrir un repas. Quand il refusait, ils insistaient. Une fois il finit par céder, et nous recommençâmes la même cérémonie que la première, et avec augmentation. L'étonnant de l'affaire, c'est que ces gens-là ne crèvent pas.

Toute cette journée se passa à descendre, à remonter, à manger, et à recevoir des coups de poing d'amitié. Nous en vînmes à supplier le cheïkh de ne plus descendre. Quand nous traversions une petite dechrat, toutes les femmes sortaient avec leurs enfants et leurs chiens, et se mettaient à pousser des gloussements (2) de joie en notre honneur. Nous fîmes ce métier pendant quatre jours entiers, et le cheïkh allait de dechrat en dechrat. Quand nous fûmes arrivés au sommet de la montagne des Beni-Djenad, les Qabaïl étant accourus au-devant du cheïkh, il commença à leur parler de la paix. Pas un seul ne put résister à ses discours; il rétablit la bonne intelligence entre eux tous, et les força de s'embrasser. Nous continuâmes à marcher jusqu'à ce que nous arrivâmes à la montagne de Djerdjerah, dans laquelle se trouvaient la famille du cheïkh et son harem. Il nous fit descendre dans le dôme (3) de Sidy - Abdourrahhman. Ce dôme est charmant, et contient un tombeau entouré de grillages de bois peints en couleurs très tranchées, telles que rouge, jaune, noir, bleu et blanc. Aux quatre coins sont placés des drapeaux. Au dôme sont suspendus

---

(1) *Dechrat* est une espèce de village formé de gourby ou de chaumières.

(2) *Louloulou*, dit le texte. En français, il n'y a point de terme qui puisse rendre ce mot, si ce n'est crier *loulouloulou* indéfiniment. Peut-être le mot latin *ululatus* vient-il de là.

(3) C'est la traduction littérale du mot *qobbat*; c'est ce que les Français appellent un marabout.

cinq lustres, dont un très-grand qui correspond au milieu du tombeau, et quatre plus petits. A côté de ce tombeau on en voit plusieurs autres qui renferment des cheïkhs.

Le cheïkh nous y fit descendre et nous y fit dresser des lits excellents. Tout le long du chemin, j'avais donné à mon père la couverture de laine que j'avais apportée pour moi, et je n'avais conservé qu'un bornous. Je mettais d'ordinaire une pierre sous ma tête en guise d'oreiller, et je m'endormais entre les jambes de nos mulets, de peur qu'on ne nous les volât. Quand nous eûmes rencontré le cheïkh, nous n'eûmes plus à craindre pour nos mulets. Dès lors on nous gratifia d'une natte de jonc, mais non pas d'un lit. J'enroulais un bout de la natte dans laquelle je plaçais une pierre. Au petit point du jour, nous nous mettions en marche.

Quand nous fûmes pour tout de bon chez le cheïkh, notre sort s'améliora singulièrement, à notre grande satisfaction. Jusque-là je n'avais encore aucune idée du voyage de Constantine, et je croyais que nous allions revenir à Alger. Ce n'est que le lendemain que mon père me fit part de son projet, en me disant : nous allons à Constantine chez Hadji-Ahmed. Je recommençai à avoir peur, et je dis à mon père : nous risquons gros jeu, et pour sûr Hadji-Ahmed nous fera tuer. Il me répondit : nous sommes sous la protection de Dieu. Oui, lui répondis-je, elle est excellente, mais un homme ne se jette pas par la fenêtre en disant : je me mets sous la protection de Dieu. Dieu dit dans le Qoran : garde-toi, et je t'aiderai.

Voyant mon père bien déterminé à faire ce voyage, j'écrivis à Alger et je fis mes adieux à tous mes amis, avec la ferme persuasion qu'il n'y avait plus d'espoir de retour pour nous.

Nous demeurâmes chez le cheïkh pendant toute une semaine. Il fut constamment occupé pendant tout ce temps-là à écrire des lettres de recommandation pour les cheïkhs

par chez lesquels nous devions passer, et il disait à chacun
d'eux : toi, conduis les porteurs de cette lettre à un tel,
un tel les conduira à un tel, et ainsi de suite jusqu'à Constantine.

Quand le jour de notre départ fut venu, je vis que mon
père se mettait en route sans armes, et que les Qabaïl qui
nous accompagnaient n'en prenaient pas davantage. Je dis
à mon père : comment voulez-vous que nous nous jetions
au milieu des plus grands dangers sans prendre d'armes ni
aucunes précautions. Il me répondit encore : nous sommes
sous la protection de Dieu. Cette réponse calme ne me rassura
pas entièrement, et je priai le cheïkh de me donner un sabre,
une paire de pistolets, et à peu près un millier de cartou-
ches. Je disposai le tout de manière à pouvoir m'en servir
aussitôt qu'il en serait besoin, et je repris un peu confiance.

Nous nous mîmes en route après avoir fait nos adieux
au cheïkh, et nous grimpâmes les montagnes tout le long
du jour. Nous arrivâmes à une dechrat où nous trouvâmes
un des cheïkhs auxquels nous étions recommandés par Ben-
Ayssah. Il nous fit un accueil honorable, et avant de lire
la lettre que nous lui apportions, il la prit, la baisa et la
mit sur sa tête ; puis levant les mains au ciel, il fit une
prière. Je m'aperçus alors que les lettres de Ben-Ayssah
nous seraient fort utiles. Le lendemain, le cheïkh notre hôte
fit monter à cheval deux de ses gens bien armés, pour nous
accompagner ; et ceux-ci nous conduisirent jusqu'à une
autre dechrat située au milieu des montagnes.

Là je fus arrêté ; en voici la cause. A Alger, j'avais une
mule magnifique, du plus grand prix, et qui m'avait été
donnée par Hadji-Ahmed ; elle était infiniment plus belle
que toutes les autres mules de la ville. Quand les Français
entrèrent à Alger, notre maison de campagne fut pillée ;
ma mule fut enlevée de l'écurie, et je n'en entendis plus

parler pendant une année entière. Un jour le maréchal-ferrant vint me trouver, et me dit : j'ai vu aujourd'hui votre mule passer par la porte Bab-Azoun, et elle portait une charge d'huile. Je courus au marché à l'huile, je regardai parmi les mules, et j'y retrouvai la mienne. Comme de sa nature elle était habituée, quand un homme approchait la main de sa tête, à se tourner et à ruer, et comme, lorsque je la retrouvai, elle était tout-à-fait changée et maigrie, je la reconnus à cette habitude vicieuse. Je la fis sortir, et je forçai son nouveau maître de me suivre chez le qady. J'avais une foule de témoins qui reconnaissaient la bête, et je rentrai en possession de ma mule que je reconduisis à l'écurie, dont je fermai la porte en partant, tout joyeux de l'avoir retrouvée. Quand la nuit fut venue, je retournai à l'écurie pour faire conduire ma mule à la campagne ; la porte de l'écurie était bien encore fermée, mais la mule avait disparu. Je demeurai encore une autre année sans en avoir de nouvelles, et je la retrouvai une seconde fois entre les mains d'un autre Bedouin. Je me dépêchai alors de la vendre, pour n'avoir plus à m'en inquiéter.

Revenons à notre récit. Pendant notre séjour dans les montagnes, j'allai un jour dans un marché, et pendant que je me promenais au milieu des Qabaïl, et que je m'amusais à regarder leur commerce, voilà que je me rencontre nez à nez avec le voleur de ma mule, à qui j'avais fait rendre gorge. Comme j'étais vêtu comme les Bedouins d'un bornous qui me couvrait le cou, et que j'avais un vêtement semblable aux leurs, il resta à me fixer, pour s'assurer que c'était moi. Il finit par me reconnaître, s'approcha de moi et me dit :

—C'est toi qui m'as enlevé ma mule, et qui m'as injustement dépouillé. Aujourd'hui te voilà venu vers moi, et je prendrai ma revanche.

Il me demanda ce que j'avais fait de la mule. Quand je vis qu'il n'y avait aucun moyen de m'esquiver, je lui répondis :

—Oui, c'est moi qui ai pris ta mule, mais je l'ai prise avec justice, et sur de nombreux témoignages.

—Tu m'as fait de la justice à la française, me répondit-il ; aujourd'hui je t'en ferai à la qabaïle.

Sur le champ je me trouvai entouré de Qabaïl, qui me serraient de tous les côtés, et je paraissais au milieu d'eux comme une tache blanche sur le dos d'une vache noire. Ils se mirent à crier, à hurler, et coururent pour s'emparer de ma mule et de mes bagages avant de me tuer. Quand ils furent près du lieu où était mon père, ils trouvèrent ma mule et s'en approchèrent. Ce jour-là nous étions accompagnés d'un cheïkh de la montagne d'où nous sortions. Lorsque ce cheïkh entendit ce bruit, il monta sur une grosse roche, et cria de toute la force de ses poumons :

O Arabes ! ô Qabaïl ! malheur à qui étendra la main sur ces hommes. Sachez qu'ils nous sont venus de chez Ben-Ayssah, et qu'ils sont sous ma protection ; si vous leur prenez une épingle, nous vous reprendrons une broche. Il leur dit ces paroles en idiôme qabaïl ; mon père ne les comprit point, mais je les lui traduisis. Le cheïkh répéta une seconde fois : si vous mettez la main sur ces hommes, tous les habitants de la montagne que vous voyez devant vous tomberont sur vous et vous massacreront tous. Ils commencèrent alors à filer les uns après les autres, et il ne resta que mon voleur, qui me regardant et me menaçant du doigt, me dit : si tu n'étais pas avec cet homme, je t'aurais fait mourir d'une mort abominable. Aussitôt après cette affaire, les Arabes qui nous accompagnaient nous conseillèrent de gagner lestement les montagnes qui étaient en face de nous. Notre intention était d'y passer la nuit, parce que nous avions une lettre de Bou-Ayssah pour le cheïkh qui l'habite.

Nous arrivâmes extrêmement fatigués, et fort aises de nous être tirés sains et saufs de ce mauvais pas. Mon père voulut que je lui fisse du café. Je demandai du feu, et l'on me répondit qu'il n'y en avait que dans l'appartement des femmes. J'entrai donc chez elles, et j'y trouvai effectivement un bon feu, entouré de femmes. Quand elles virent les tasses, elles restèrent ébahies, et commencèrent à les admirer ; elles n'avaient jamais rien vu de semblable, et me demandèrent ce que c'était. Je leur fis comprendre à quoi cela servait, et elles s'émerveillèrent de ce que nous buvions du café, et surtout sans sucre. Je leur en offris à boire, et elles le trouvèrent détestable. Je vis parmi elles des femmes d'une beauté telle que je n'en avais jamais vu de pareilles ; des yeux grands comme des tasses, enfin des visages charmants. J'admirai la beauté de ces femmes auxquelles j'eus le bonheur de ne pas déplaire. Le mari de la maîtresse de la maison passa la nuit à monter la garde pour la sûreté de mon père, et ne rentra que le matin. Je fis cadeau à ces femmes de quelques foulards qui les rendirent souverainement heureuses. Nous passâmes cette nuit dans la tribu, et le lendemain nous gagnâmes une autre montagne qui se trouvait sur notre route. Vers midi nous traversions un gué, et pendant que nous y abreuvions nos mulets, après les avoir débridés , voilà une masse d'Arabes qui arrivent pour faire boire leurs chevaux en même temps que nous ; ils étaient une vingtaine armés jusqu'aux dents. Pendant que leurs chevaux buvaient, ils nous demandèrent si nous avions vu deux hommes partis d'Alger pour vendre Constantine aux Français. Par leurs propos, nous eûmes la certitude qu'ils avaient reçu de l'argent de Mulsumans habitants d'Alger , pour nous couper la tête. Ils nous dirent : ils sont deux, un vieux et un jeune. Quant au vieux, nous recevrons pour sa tête quatre mille piastres fortes, et pour l'autre cent piastres fortes. Nous ne pûmes douter que c'était nous qu'ils cherchaient, et nous fûmes bien certains que c'était un souvenir d'amitié de quelques-uns de nos amis d'Alger. Je me dis en moi-même : par Dieu ! ma tête n'est pas chère, puisque pour cent piastres on en fait l'affaire. Quant à celle de mon père, c'est un prix très-convenable ! Les Qabaïl qui nous accompagnaient leur répondirent qu'ils ne les avaient pas vus, et que d'ailleurs s'ils les rencontraient, peut-être en les tuant commettraient-ils une injustice. Ils leur demandèrent s'ils étaient bien sûrs que le voyage de ces hommes avait le but qu'ils disaient. Avant de les tuer, ajoutèrent-ils, vous ferez bien de vous en assurer. Ils répondirent : il faut absolument que nous rapportions leurs têtes. Ils prirent ensuite un chemin, et nous ne manquâmes pas d'en prendre un autre. Ainsi Dieu nous tira de leurs mains, et nous continuâmes notre route jusqu'à ce que nous fûmes arrivés chez les Beni-Abas. Avant d'y être, nous mîmes pied à terre dans une dechrat dont les habitants nous prévinrent que dans la vallée, avant d'arriver à un gué de l'Oued-Adouse que nous devions traverser, nous trouverions une quarantaine de brigands dont nous ferions bien de nous garer. Quand nous fûmes arrivés dans la vallée, je m'approchai de mon père, tenant un pistolet de chaque main, et bien déterminé à vendre chèrement sa vie et la mienne. En ce moment, j'étais persuadé que je ne reverrais jamais Alger, et que d'ailleurs si nous échappions aux Qabaïl et aux voleurs de grand chemin, nous n'en serions pas moins plus tard victimes d'Hadji-Ahmed. Quand nous arrivâmes au sommet de la côte que nous avions à descendre pour arriver au fond de la vallée, nous ne vîmes entre la rivière et nous qu'une vaste forêt. Les Qabaïl qui nous escortaient aperçurent les bandits qui descendaient de cheval. Nous nous dépêchâmes alors de prendre à tra-

2

vers bois un chemin écarté de la direction dans laquelle ils étaient arrêtés. Nous étions en très-petit nombre, dix tout au plus, et la plupart sans armes. Les Qabaïl marchèrent en avant, et me dirent dans leur langage : n'ayez pas peur, nous mourrons avant vous ; mais après notre mort, nous ne répondons plus de vous. Nous avançâmes ainsi à travers la forêt, tremblants de peur. Quant à ces voleurs, qui sont parfaitement connus dans les montagnes sous un nom que j'ai malheureusement oublié, ils ont leur repaire entre la montagne des Beni-Abas et le gué de la rivière qui coule dans la vallée. Ils sont convenus avec les Beni-Abas de ne détrousser les voyageurs qu'avant que ceux-ci aient atteint le gué. Une fois ce gué passé, on n'a plus rien à craindre d'eux. Ils tuent impitoyablement tous ceux qui tombent entre leurs mains. Nous parvînmes à passer le gué avant qu'aucun d'eux ne nous eût aperçus. Une fois de l'autre côté, nous rencontrâmes un berger qui, dès qu'il nous vit, releva sa chemise de laine par-dessus sa tête pour n'être pas gêné dans sa course, et s'enfuit à toutes jambes, en plantant là son troupeau. Nous l'appelâmes à grands cris, lui disant que nous n'étions pas des voleurs, et il se décida à venir à nous, mais tremblant de frayeur. Nos cris firent que les brigands nous aperçurent ; alors ils se mirent à battre des mains avec un geste de colère, et nous firent signe de revenir vers eux ; mais nous gravîmes la côte qui était devant nous, et nous fûmes encore tirés de ce mauvais pas par la grâce de Dieu.

Nous arrivâmes donc chez les Beni-Abas (1). Le premier homme que nous rencontrâmes était un cheïkh qui avait fait le voyage d'Alger. Il nous reconnut et nous souhaita la bien

---

(1) Les Beni-Abas fréquentent Alger, où ils viennent travailler les bornous. Le quartier qu'ils habitent est dans le faubourg Bab-Azoun, depuis la porte jusqu'à Sidy-Abd-el-Qader, c'est-à-dire jusqu'à la caserne actuelle des spahis.

venue, nous salua et baisa les pieds de mon père. Il nous demanda comment nous avions pu arriver jusque-là, et quelle était la cause de notre venue dans sa tribu. Mon père ne voulut pas lui donner une réponse exacte ; nous lui dîmes simplement que nous fuyions d'Alger à cause des Français, et que notre intention était de nous fixer à Constantine. Il nous invita à descendre chez lui, mais nous ne pûmes accepter, parce que nous devions nous rendre chez le cheïkh de la tribu. Il marcha donc avec nous, et nous traversâmes le pays des Beni-Abas, pays qui est plus beau que tous ceux que j'ai vus chez les Qabaïl. J'y vis des mosquées et de beaux édifices en pierre exactement construits à la française, au point même d'avoir des gouttières en bois d'aloès le long des toits. Je vis chez les Beni-Abas des fusils fabriqués par eux, et tout aussi bien travaillés que ceux d'Alger. Je leur demandai à voir les outils dont ils se servent, et je reconnus que ce n'était que de mauvais ciseaux et des couteaux ébréchés ; aussi fus-je fort étonné de voir qu'avec de semblables ressources ils pouvaient travailler aussi bien. Je le fis remarquer à mon père, et il me dit : ah ! si ces hommes possédaient des connaissances et avaient des outils convenables, très-certainement ils feraient des choses admirables.

Nous descendîmes chez un cheïkh, excellent homme et plein d'esprit naturel. Là mon père eut envie d'ouvrir son porte-manteau de voyage pour changer de turban. Il tira sa bourse pour y prendre la clef. Quand il déposa la bourse à côté de lui, il y avait près de nous un petit bonhomme qui la vola et s'enfuit. Mon père n'en parla qu'à moi. On m'a volé ma bourse, me dit-il. Je le dis aussitôt au fils de la maison, qui fit les plus grands reproches à mon père (1)

_________________

(1) *Faqatam el qatama alu aby*, littéralement : *il réveilla les morts sur mon père*, c'est-à-dire qu'il cria à réveiller des morts.

de ce qu'il n'en avait rien dit. Il cria, il frappa, et au bout d'une heure on apporta le pauvre petit voleur dont les mains étaient liées, et on s'apprêta à lui couper la tête. Mon père supplia qu'on lui fit grâce, je suppliai avec lui, et nous ne parvînmes à lui sauver la vie qu'avec des efforts inouïs. Ils nous disaient : si cela arrive dans notre pays, que deviendrons-nous donc ? Nous priâmes, nous conjurâmes, et mon père dit qu'il faisait cadeau de la bourse à l'enfant. Et pour ne pas prolonger le récit de cette circonstance, je dirai que la bourse resta ; mais que quand nous fûmes de retour à Alger, elle nous revint de main en main, sans qu'il y manquât un liard.

Le lendemain, avant de continuer notre voyage, nous montâmes à la Qalaah des Beni-Abas.

De ma vie je n'ai vu hauteur pareille. Cette citadelle est au sommet d'une montagne, autour de laquelle nous avons tourné continuellement pour y arriver. Mon père ne put se servir de sa mule, et dut faire le chemin à pied. Nous étions à peu près au nombre de cent, et celui qui marchait le premier passait au-dessus de notre tête, et si près que l'on pouvait lui donner la main, le chemin étant tracé en hélice comme le sont les escaliers de la colonne de la place Vendôme; nous marchâmes deux heures. En arrivant, nous trouvâmes les habitants de cette citadelle fort bien vêtus et coiffés de turbans blancs : tous différents en cela des Qabaïl que nous avions vus jusqu'alors. Ils nous reçurent très-bien, et nous déjeûnâmes chez eux. Nous y vîmes des canons de l'ancien temps, et je ne sais comment ils ont pu les y monter : eux-mêmes l'ignorent. Ils nous dirent : si nous avions de la poudre en quantité suffisante, personne ne pourrait rien nous faire. Nous nous y reposâmes jusqu'à midi. Nous repartîmes alors par le même chemin que nous avions pris en venant, car il n'y en a qu'un seul. Nous continuâmes notre route pendant toute la journée, et nous passâmes la nuit dans une tribu. Pendant toute cette nuit, nous n'entendîmes que les rugissements des lions, et les femmes des Qabaïl qui sortaient pour les chasser avec des bâtons enflammés, comme ici l'on chasserait les chiens. Je montai la garde toute la nuit auprès de nos mulets, ne pensant qu'aux lions, dont j'avais une grande peur. Quand j'entendais leurs rugissements, je croyais qu'ils partaient d'auprès de moi; je me relevais, je saisissais aussitôt mes pistolets, et je faisais tous mes efforts pour apercevoir le lion que je n'entrevis qu'une seule fois, tandis qu'il fuyait devant les femmes. Nous continuâmes notre route pendant plusieurs jours, et nous arrivâmes enfin aux Portes (1). Le cheïkh des Portes a reçu le surnom de Paralytique. Il nous accueillit avec grands honneurs, et nous dînâmes parfaitement chez lui. Les Turcs, pendant leur puissance, ne purent jamais franchir ces portes par force, parce que le cheïkh habitait leur sommet. Ce défilé a été nommé ainsi, parce qu'il est formé par deux montagnes inaccessibles. Entre elles est un chemin extrêmement profond; ce chemin, dans toute sa longueur, est le lit d'un torrent. Quand je levai la tête pour apercevoir le sommet de la porte, mon turban tomba. Ce passage dura deux heures. Quand nous l'eûmes franchi, nous arrivâmes chez le cheïkh surnommé le Paralytique. Il est extrêmement riche, sa domination est très-étendue. Quand nous passâmes chez lui, il était en guerre avec Hadji-Ahmed. Il nous rendit beaucoup d'honneurs; ses frères et ses enfants vinrent tous nous voir, et s'assirent avec nous. Après le repas, on nous donna à laver nos mains dans des cuvettes et des aiguières d'or : nous jugeâmes par là qu'il était fort riche. Son frère était malade de la maladie

---

(1) *El Byban.* Les Portes. C'est le défilé très-resserré que les Romains avaient appelé la Porte de fer, *Porta ferrea.*

que les Français appellent *danse de Saint-Guy* (1). Il vint
à nous, et nous demanda s'il y avait parmi les Français
quelqu'un qui pût le guérir. Nous lui répondîmes que oui,
et il nous dit : si un médecin veut venir ici pour me guérir,
je l'enrichirai autant que Dieu le permettra. Le cheikh voulut
me donner un cheval pour aller à Constantine, parce qu'il
m'avait vu sur un de ses chevaux, et avait trouvé que je
montais bien. Il me dit : tu es cavalier, pourquoi montes-
tu des ânes? Je lui répondis : c'est mon père qui l'a voulu,
parce que nous avions des montagnes à traverser, et que
les chevaux n'auraient pu nous amener ici. Il s'assit avec
nous, et je fis la conversation avec ses fils. Ils me parlèrent
d'Alger, et surtout des femmes françaises. Ils me demandèrent
tout simplement si j'en avais beaucoup ; je leur répondis
que non. Ils me dirent alors : si nous pouvions aller dans
votre pays, très-certainement nous enlèverions beaucoup de
femmes françaises, car elles sont plus belles que les nôtres ; enfin ils me firent beaucoup de bavardages. Quand nous partîmes de chez eux, nous voyageâmes en plaine, et cela
pendant plusieurs jours, jusqu'à notre arrivée à Constantine.
Nous y apprîmes qu'Hadji-Ahmed était dans le pays de
Hanenchah. Nous entrâmes dans la ville à l'heure du dîner,
et nous descendîmes chez Ben-Ayssah (2). Cet homme ne
connaissait pas personnellement mon père, mais en avait
entendu beaucoup parler, et ne l'aimait guère. Quand nous
entrâmes, nous donnâmes nos noms au *qasbadjy* (3) qui était

---

(1) Le texte porte *maryd beddammi ou erraadam*, c'est-à-dire malade
du sang et du tremblement, ce mal étant attribué à un coup de sang.

(2) Ce *Ben-Ayssah* était le lieutenant d'Hadji-Ahmed. On a prétendu
qu'à la prise de Constantine il s'était brûlé la cervelle, et il est aujour-
d'hui fort bien portant à Alger.

(3) Garde de la Qasbah.

à la porte. Il nous permit d'entrer, et nous fûmes ainsi introduits dans Constantine. Ben-Ayssah nous reçut avec politesse, mais sans cordialité; il nous fit voir la maison qu'il nous destinait, et dans laquelle nous devions descendre. Cette maison était vaste, et il n'y avait absolument que mon père et moi pour l'habiter. Nous restâmes à dîner avec lui, et bien qu'il fût obligé d'être poli pour s'acquitter convenablement de son emploi, je jugeai aussitôt qu'il était ignorant, et ne savait pas trop soutenir une conversation. Le matin mon père écrivit à Hadji-Ahmed pour l'informer de son arrivée à Constantine; il lui annonçait qu'il avait des choses importantes à lui communiquer, et qu'il venait auprès de lui en qualité d'ambassadeur. Le lendemain, j'allai me promener au marché. J'étais alors revêtu de riches habits à l'algérienne que j'avais empruntés à un ami de mon père, car je n'avais pris avec moi aucun effet en me mettant en route. Je m'étais donc habillé, et je me rendis chez Ben-Hadjoudj, le banquier le plus riche de Constantine, et l'ami intime de mon père.

« Pendant ma promenade, une vieille femme s'approcha de moi et me dit : étranger, venez, suivez-moi; j'ai quelque chose à vous dire. Je la suivis en me disant en moi-même : peut-être c'est une honnête entremetteuse. Quand je fus en tête-à-tête avec elle, elle me dit : cette nuit, venez me trouver ici, et je vous conduirai chez la femme d'un grand seigneur; elle est charmante, elle vous a vu, et elle vous aime. Elle m'a chargé de vous le faire savoir. Je lui répondis : saluez-la de ma part, et dites-lui que cette nuit je ne pourrai sortir, mais que dans la nuit de demain je viendrai vous trouver. Elle insista beaucoup pour que j'y allasse cette nuit même, et je ne voulus pas accepter. Quand elle vit que j'étais bien décidé à ne pas me risquer, elle me salua et s'éloigna. Je me rendis alors chez notre ami Ben-Hadjoudj. »

avec lequel je fus bientôt très-familier ; je lui racontai mon aventure, et lui nommai le mari de la dame en question. Il frappa ses mains l'une contre l'autre et me dit : ah ! les fils de brigand ! ils veulent tuer le père pour la faute de son fils. — Comment cela ? lui dis-je. J'ai promis à la vieille d'y aller demain. — Garde-t'en bien, garde-t'en bien, répondit-il, car tu seras la cause de ta mort et de celle de ton père. Sache bien que cette femme ne t'aime pas et ne t'a même jamais vu. Ce n'est qu'un piège qu'elle t'a tendu avec son mari pour te faire venir chez elle, et une fois que tu y seras, ton ennemi entrera tout à coup, te trouvera, et tu seras ainsi l'instrument de ta mort. Il dira à Hadji-Ahmed, son maître, que vous êtes venus pour suborner sa femme, et que pour apaiser sa jalousie, il faut vous faire périr. Il trouvera des faux témoins, et vous fera passer ainsi dans l'autre monde. En entendant cela, je n'eus plus aucun désir d'aller visiter la chère dame. Le lendemain, en passant par la rue du rendez-vous, je revis la vieille qui m'attendait, et je lui dis : fais mes compliments à ta maîtresse, et dis-lui que si elle m'a vu et s'est éprise de moi, moi qui ne l'ai pas vue, je ne suis pas amoureux d'elle, et comme je n'ai rien dans le cœur pour elle, il ne faut pas que je fasse un péché malgré moi. D'ailleurs, d'après ce que j'ai entendu dire, ta maîtresse est vieille, et celui qui court en enfer fait mieux de prendre pour monture un cheval qu'un âne : quant à elle, ce serait un âne pour moi. Ainsi, va-t'en au diable.

« Revenons à notre récit. Avant l'arrivée des Français, nous étions en relations très-suivies avec Ben-Hadjoudj. C'est lui qui me prévint que la maison qu'on nous avait assignée pour demeure, n'était autre chose que la maison dans laquelle on suppliciait les coupables, et qu'on y avait mis à mort plus de trois mille personnes. Je ne pus y fermer l'œil. »

Ce soir-là je n'en dis pas un mot à mon père ; mais quand nous fûmes attablés avec Ben-Ayssah, je lui dis : monseigneur Ali, mon père et moi, nous ne pouvons reposer tranquillement dans la maison que vous nous avez donnée ; je prie donc votre seigneurie de nous permettre de prendre des soldats qui y passent la nuit avec nous. Il ne me refusa pas. Mon père me demanda à quel propos je lui avais adressé cette requête, et je lui racontai alors ce que j'avais entendu dire. Tu es un poltron, me répondit-il. — Non, lui dis-je, mais Dieu ne m'a pas ordonné de coucher dans une maison où l'on a tué plus de trois mille personnes.

Je choisis pour compagnons des Algériens qui étaient au service à Constantine, et nous demeurâmes ainsi pendant trois jours, après lesquels nous arriva la réponse d'Hadji-Ahmed, qui nous enjoignait de venir le retrouver. Ben-Ayssah nous donna alors quatre esbahhya pour escorte, et une tente en lambeaux et tout à fait hors de service. Nous nous mîmes en route, et nous nous dirigeâmes vers le pays de Hanenchah, parce que nous savions que Hadji-Ahmed y était. On nous fit beaucoup d'honneurs dans toutes les tribus chez lesquelles nous descendîmes. Ces hommes-là étaient obligés de nous accueillir ainsi, tandis que les Qabaïl ne le faisaient que de leur propre mouvement. J'ai oublié de parler de l'hospitalité de ceux-ci, c'est-à-dire, des Qabaïl. Nous voyions leurs enfants, quand nous descendions chez eux, témoigner une joie très-vive. Nous en demandâmes la raison. On nous répondit que c'était parce que les jours où l'on recevait des étrangers, ils mangeaient de la viande, tandis qu'habituellement ils ne mangeaient jamais que du pain et du lait.

Quant aux Arabes qui habitent les environs de Constantine, ils nous donnaient tout ce que nous demandions, et cela seulement par crainte du maître. Chaque tente à tour de rôle est obligée d'accueillir les voyageurs : ce ne sont plus là les mœurs des Qabaïl. Nous suivîmes notre chemin, qui, pendant la plus grande partie, traversa des plaines sans montagnes.

Lorsque nous approchâmes d'Hadji-Ahmed, à peine nous apercevions son camp, que nous le vîmes venir à notre rencontre à la tête d'un grand nombre de esbahhya et de serviteurs qui conduisaient deux chevaux harnachés. Quand nous fûmes arrivés, j'avais une telle défiance, que j'avais laissé mes pistolets parfaitement chargés sous ma main. Nous mîmes pied à terre, et Hadji-Ahmed en fit autant, ainsi que toute sa suite. Il embrassa mon père et lui témoigna un grand respect : tout cela ne m'empêchait point de me méfier de lui. Il demanda à mon père s'il voulait monter à cheval. Il refusa : alors le bey m'ordonna de monter. J'obéis, et jusqu'à ce jour je n'avais jamais vu cheval aussi beau que celui que je montai. Nous reprîmes ensemble la route du camp. Ce camp était dressé dans un ordre parfait : tout y était très-bien à sa place. Ceux de ses serviteurs chargés de l'assiette du camp savent admirablement leur métier.

Avant de parler de ce que nous avons vu en ce pays, il faut que je vous dise quelques mots sur Hadji-Ahmed. Je l'admirai beaucoup. Il est très-petit de taille. Il a des yeux noirs énormes. Il a le nez assez petit et aquilin. Il a le teint bruni par le soleil, car cette couleur ne lui est pas naturelle. C'est un homme très-coquet, et d'une propreté exquise. Ses petites mains sont charmantes ; chaque phalange est chargée de petits poils noirs, lissés sur la peau, et qu'on a plaisir à voir. Quant à ses vêtements, ils ressemblent à ceux des Algériens ; ils sont tous brodés en soie. Par-dessus il porte un hhaïq qu'il drape très-élégamment. Un kachemyr lui sert de ceinture, et un autre de turban. Ses sourcils et sa barbe sont fort noirs. Il porte des moustaches énormes ; elles sont si longues que, quelquefois quand il est plongé

dans ses réflexions, il les arrête machinalement au premier
tour de son turban, en les caressant entre ses doigts. Je fus
tout étonné de trouver en lui un jeune homme, et non pas
un vieillard, comme je l'avais entendu dire. Il ne me parut
pas avoir plus de quarante ans. Ses yeux ont une forte ex-
pression de cruauté comme les yeux d'un lion. Quand nous
étions assis à sa table, et qu'il fixait son regard sur moi, ma
faim se passait, et je tremblais involontairement. Très-certainement ses regards sont ceux d'un homme dangereux.
Malgré cela, je ne puis m'empêcher encore de lui trouver une
grande beauté. ›

Quand nous fûmes arrivés au camp, il demanda où était
notre tente. On la lui montra. Quand il la vit déchirée et
grasse comme elle l'était, il se mit en colère et jura forte-
ment. Elle servira de lieux d'aisances pour Sidy-Hamdan,
dit-il, et dressez pour lui ma petite tente. Celle que nous
avions apportée avec nous était la tente du fils de Ben-
Ayssah. Quand celui-ci apprit l'usage auquel Hadji-Ahmed
l'avait destinée, il en fut furieux, et vit bien que l'intention
d'Hadji-Ahmed, en agissant ainsi, était de lui faire honte.

Quand nous fûmes descendus, nous ne pûmes nous reposer,
car le bey nous envoya aussitôt un de ses serviteurs pour nous
engager à venir le trouver. Tout couverts de poussière, et
fatigués que nous étions, nous nous rendîmes auprès de lui.
Nous le saluâmes et voulûmes lui baiser la main. Il s'y refusa, et embrassa mon père sur les épaules. Quand mon tour
fut venu, il me donna une petite tape sur la main que je
tendais pour prendre la sienne, et je baisai la mienne. Tout
le temps de notre séjour chez lui il en fut ainsi, et c'est un
très-grand honneur qu'il nous fit.

Avez-vous faim? nous dit-il. — Pas trop, mais un peu, lui
répondîmes-nous. Aussitôt il donna l'ordre à ses serviteurs
de nous apporter à manger. Quand ils apportèrent ce qui

nous était destiné, la première chose que j'aperçus fut un bassin d'olives noires magnifiques, et du pain d'orge. Suivant une coutume des Musulmans, quand un chef veut faire périr un homme, avant son supplice, il lui fait porter un plat d'olives, et ces olives lui disent clairement qu'il mourra ce jour-là même.

Quand j'aperçus ces maudites olives, je fus persuadé que nous allions mourir. Je ne voulus pas y faire penser mon père, mais je ne pus en avaler une. Mon père me demanda pourquoi je ne mangeais pas, je lui répondis tout bas : mon cœur s'est serré en voyant ces olives. Il n'y a pas de mal, me répondit-il. Je comprends qu'il n'a rien que cela à nous offrir. Il est tout à l'heure midi, et à cette heure-ci il n'y a rien de cuit chez lui. Je me mis alors à manger à la grâce de Dieu, mais sans grande confiance.

« Nous restâmes à causer avec Hadji-Ahmed, et je reconnus en lui un homme de grand sens et de bon conseil. J'admirai son esprit et sa manière de s'exprimer. Ce n'était pas là un Abd-el-Qader, ni quelque autre de même espèce ; car toutes les fois qu'il parlait de la nation française, il ne montrait point de fanatisme contre elle ; loin de là, il faisait grand cas des connaissances des Français, de leur tactique, de leur cœur et de leur bravoure. Il était bien loin de parler comme les chefs que nous avions à Alger. Il savait très-bien et était convaincu qu'il n'avait aucune force à opposer aux Français, et avec laquelle il pût leur faire face ; cependant il pensait qu'avec la ruse il pourrait avoir sur eux quelque avantage. »

Nous passâmes cette soirée avec lui, et le lendemain il me donna un cheval. Nous étions constamment auprès de lui, montant à cheval avec lui et n'en descendant qu'avec lui. Avant le lever du soleil, on repliait toutes les tentes, on les chargeait sur des chameaux, et on les faisait partir en avant sous l'escorte des fantassins. Il ne restait avec le bey que les seuls esbahhya. Une fois le camp levé, il sortait de sa tente, et l'on étendait à terre un tapis et un coussin, sur lequel il s'asseyait à côté de la ligne de ses chevaux. Tous les personnages de distinction, tels que le bach-says (1), l'arha, son gendre, quelques-uns de ses parents, et enfin son bouffon, se réunissaient auprès de lui. Nous-mêmes et quelques cheïkhs du désert venions nous joindre à eux. Nous déjeûnions, nous prenions le café et nous fumions la pipe; ensuite de quoi, il donnait d'un geste l'ordre de monter à cheval. En un clin d'œil tous les esbahhya étaient sur le dos de leurs chevaux, et se plaçaient sur deux rangs, faisant face l'un à l'autre, et séparés par un espace de six pas seulement. On lui amenait aussitôt son cheval, et les montures de ceux qui l'accompagnaient. Nous nous mettions en marche, suivis de la musique qui jouait sur nos épaules. Nous entrions entre les deux rangs. Hadji-Ahmed marchait en tête, ayant à ses côtés deux chaouch (2). De la main, il faisait à droite et à gauche un geste de salut, et le chaouch placé du côté vers lequel il tournait la main, criait à haute voix et très-lentement : *Selamoun aleïkoum oua rahhmatou' llah!* Salut sur vous, et que Dieu vous fasse miséricorde! Quand le premier avait fini, le second commençait, et ainsi de suite. Hadji-Ahmed, ainsi que nous l'avons dit, était toujours au premier rang. Ses chevaux sont dressés à ce que toutes les fois qu'il tourne la tête et met sa main sur son cœur pour prononcer la formule du salut, ils tournent également la tête et lèvent leurs pieds, en répétant, pour

---

(1) *Bach-says*, premier écuyer, vétérinaire en même temps.

(2) Les chaouch sont des hommes de taille choisie et d'une grande force. Leur charge consiste à faire les saluts pour le bey, à transmettre ses ordres, et..... à couper les têtes qu'il demande. En général, ce sont des Turcs.

ainsi dire, les gestes de leur maître. Par Dieu ! je fus émerveillé de l'intelligence de ces animaux. Cela durait jusqu'au
bout des rangs. Aussitôt qu'il était arrivé là, les cavaliers
se formaient immédiatement en une longue ligne de bataille
dont le centre était occupé par le bey, sa suite, et la
musique. Alors les cavaliers commençaient à sortir deux par
deux par les ailes de chaque rang, c'est-à-dire, un de chaque
aile ; ils se rendaient au galop à une vingtaine de pas en avant
de la ligne en marche, traversaient toujours au galop devant
le front, et sans se quitter, ayant l'air de charger de toute
la vitesse de leurs chevaux ; en passant à la hauteur d'Hadji-
Ahmed, ils déchargeaient leurs fusils en l'air, pendant que
le bey ne cessait de faire piaffer élégamment sa monture,
jusqu'à ce qu'elle fût fatiguée, ce qui avait ordinairement
lieu en moins de dix minutes. Il faisait un signe, et on
lui amenait un autre cheval sur lequel il s'élançait. Il en a
environ deux cents, et c'est lui qui, dans toute l'Afrique,
possède les bêtes les plus belles. Pas un seul d'entre ses
chevaux ne ressemble aux autres ; chacun d'eux a sa beauté
particulière et sa manière de faire des courbettes. Il les con-
naît tous par leurs noms, et il me permit de monter celui de
ses chevaux qui me plairait le plus.)

Nous continuâmes à marcher de la sorte pendant vingt-
cinq jours. Nous étions constamment comblés d'honneurs ; et
bien que le bey ne nous fît que du bien, malgré cela, je n'eus
pas un seul instant confiance en lui. Un jour, j'étais dans
le rang tout près de lui, la tête de mon cheval touchant à
la croupe du sien, le fils du cheïkh du désert de Sahharah
s'approcha de moi et m'appela ; je reculai pour l'écouter,
et il me dit : charge ton fusil. Je le fis aussitôt, et nous
sortîmes du rang pour fournir une course, comme c'était
l'habitude des autres cavaliers. Nous longeâmes la ligne au
triple galop, et nous déchargeâmes nos fusils au-dessus de

la tête du bey, puis j'allai reprendre ma place. A peine y étais-je revenu, qu'un vieillard vint à moi et me dit : Monsieur Ali, rangez-vous, j'ai à parler à notre maître. Je fis place au vieillard, mais avec une espèce de dédain, et sans vouloir lui témoigner la moindre révérence. Il s'approcha d'Hadji-Ahmed et le salua. Le bey se mit à lui faire un accueil très-respectueux, et je vis alors que c'était un très-grand personnage ; aussi en ce moment je me reculai de reste. Il se mit à lui chuchotter à l'oreille ; aussitôt Hadji-Ahmed devint jaune comme un citron, et trembla de tous ses membres. Je vis tout de suite le rang tout entier s'éloigner de lui. Il piqua son cheval et se mit à quelques pas en avant ; il n'adressa plus la parole à personne. Alors les Arabes recommencèrent à courir deux à deux, suivant leur habitude. Pendant qu'ils galopaient ainsi, le cheval de l'un d'entre eux butta et manqua de tomber. Hadji-Ahmed jeta un cri d'effroi, par pitié pour le cavalier.[Quand je le vis craindre ainsi pour les siens, je pensai en moi-même : cet homme n'est pas cruel comme on le dit ; au contraire il a le cœur très-sensible, comme je viens de le voir de mes deux yeux.]Quand nous fûmes arrivés au camp, après être descendus de cheval, il nous fit appeler pour venir prendre le café. En entrant dans sa tente, nous le trouvâmes entouré d'Arabes, parmi lesquels je reconnus le cavalier qui avait failli faire une chute. —Vous avez bien manqué de tomber ce matin, lui dis-je.—Oui, me répondit-il, et nous continuâmes notre conversation en buvant le café. J'étais assis à l'un des côtés du bey, et mon père à l'autre. Après le café, il tourna la tête vers le serviteur qui était debout derrière lui, les mains croisées sur le ventre, dans l'attitude du respect. — Appelle-moi une cinquantaine de esbahhya, lui dit-il. Quand j'entendis cet ordre, je tressaillis, et je me dis : par Dieu ! voilà que la fin de nos jours est arrivée. J'étais convaincu que cette gendarmerie était destinée à nous arrêter ; pourtant je réfléchis qu'il ne fallait pas cinquante hommes pour cela, et qu'avec beaucoup moins l'affaire serait faite. Quand le serviteur rentra, et eut averti son maître que les esbahhya étaient à la porte de sa tente, il cria : arrêtez. Ils entrèrent, et je vis bien qu'ils savaient parfaitement qui ils devaient arrêter. Ils saisirent tous les Arabes qui venaient de prendre le café avec nous ; ils étaient au nombre de vingt-cinq, et parmi eux, ainsi que je l'ai dit, se trouvait celui dont le cheval avait butté. Ils crièrent disant : c'est une injustice, une tyrannie. Personne ne fit attention à leurs paroles. Je me dis au fond du cœur : cet homme est bien étonnant : ce matin il a eu pitié du cavalier et a tremblé de le voir tomber, et ce soir il le fait arrêter ; maintenant Dieu sait ce qui va lui arriver ! Ce que je prévoyais eut lieu : Hadji-Ahmed appela les chaouch et leur dit : séparez ces hommes dans les tentes, et prenez garde qu'ils ne s'enfuient. Dans la soirée, après le dîner, le fils du cheïkh de Sahharah (1) vint me trouver et me dit : monsieur Ali, vous avez vu ces hommes qu'on a arrêtés aujourd'hui ? — Oui, lui répondis-je. — A minuit on leur coupera la tête ici, tout près de vous, parce que la tente où se coupent les têtes est voisine de la vôtre. Ces paroles me surprirent beaucoup. Qu'ont-ils donc fait ? — Leur affaire est une sale affaire, me répondit-il, je vous conterai demain ce qu'ils ont fait. Je racontai tout cela à mon père, et je lui annonçai qu'on mettrait à mort les prisonniers tout près de nous, et que je ne pourrais m'endormir avant d'avoir vu cette exécution. Tu n'iras pas voir cela, me dit-il ; tu ne sortiras pas. Quand minuit fut venu, je ne pouvais dormir. Mon père commença à ronfler, sans songer le moins du monde à ce qui allait

---

(1) Cet enfant, qui avait alors une douzaine d'années, avait été adopté par Hadji-Ahmed.

se passer; quant à moi, je ne pouvais m'empêcher d'y penser. On les avait tous amenés au lieu du supplice, les mains liées; ils ne cessaient de crier : il n'y a de Dieu que Dieu, et Mahomet est son prophète. Je me faufilai par-dessous la tente, et je courus au lieu de l'exécution (1). J'y vis couper la tête à tous ces malheureux, les uns après les autres. Un seul coup très-léger suffit toujours au chaouch pour abattre une tête. Le nombre des suppliciés était diminué d'un, et on n'en avait plus trouvé que vingt-quatre. Quand le jour parut, le fils du cheikh vint me trouver, et me dit : on vient d'arrêter le vingt-cinquième, et quand notre seigneur sera réveillé, nous l'enverrons tenir compagnie à ses camarades. Je sortis et j'allai chercher à le voir, pour lui demander comment il ne s'était pas sauvé. Je le trouvai presque fou, et je lui dis : pourquoi ne vous êtes-vous pas enfui ? Ya Sidy, me répondit-il, pendant la nuit j'ai brisé mes chaînes, je me suis échappé et j'ai gagné la montagne. Quand j'entendis cela, je lui criai : pourquoi donc n'y êtes-vous pas resté ? Vous saviez bien que Hadji-Ahmed ne pouvait rien vous faire tant que vous seriez là. — Oui, me répondit-il, mais la venue de mon dernier jour m'a fait perdre l'esprit ; il ne m'en est plus resté l'ombre. Je ne me suis reconnu que lorsque je me suis retrouvé dans le camp, et maintenant voyez si vous pouvez me faire obtenir grâce.

Ces paroles me serrèrent le cœur. Je courus auprès de mon père et je lui racontai cette aventure. Dis-lui, me répondit-il, que s'il peut briser une seconde fois ses liens, il se sauve auprès de moi. Je pourrai alors demander sa

----

(1) Dans le texte il y a : *ila ennathaat eddamm*, littéralement : *vers le tapis du sang.* Ce tapis n'est autre chose qu'un cuir de bœuf sur lequel le patient se met à genoux.

grâce, et peut-être réussirai-je ! Je retournai vers le prisonnier, et je lui transmis le conseil de mon père. Il voulut alors s'accrocher à moi ; je me sauvai. Le sbahhy qui le gardait vint à moi, et me fit sortir de la tente où il était. J'attendis avec angoisse ce que ferait Hadji-Ahmed qui était encore au lit ; il envoya alors l'ordre de lui couper la tête sur le champ. Je demandai si le bey était levé, pour aller le supplier de pardonner à ce malheureux ; les gens de sa suite me conseillèrent de ne pas me mêler de cette affaire, parce qu'elle était fort mauvaise. Sur le champ l'ordre fut donné de procéder à l'exécution, et on fit sortir le pauvre homme, qui faisait tous ses efforts pour s'échapper vers notre tente. Il ne put y parvenir, parce que celui qui le tenait était fort comme un porc (1). Il lui donna un seul coup de sabre, et lui fit tomber la tête sur les genoux. Quand l'enfant fut revenu près de moi, je lui demandai ce que ces hommes avaient fait. Il m'apprit qu'ils avaient formé le projet de tuer Hadji-Ahmed, et qu'il y en avait parmi eux qui étaient armés de pistolets chargés à balle. Cela était exact, et quand on les arrêta, on leur prit leurs pistolets, on les déchargea, et on y trouva des balles. Cela était expressément défendu. Celui qui fut cause de leur mort fut ce vieillard qui vint me faire faire place auprès d'Hadji-Ahmed, et que j'avais si mal reçu. J'appris alors qu'il n'était autre que le cheïkh de Hanenchah. Par Dieu ! cet homme avait une vraie figure de serpent (2). Depuis, il prit l'habitude de manger tous les jours avec nous, et je ne pus m'habituer à sa face maudite.

(1) Dans le texte il y a : *elledi brak dleihl*, *hhlouf*, celui qui le tenait était un porc.

(2) Ceci est un jeu de mots intraduisible. Le nom *Hanenchah* veut dire *demeure des serpents*. Il vient du mot *hanech*, qui signifie *serpent*.

( Nous demourâmes avec Hadji-Ahmed l'espace de vingt-cinq jours. Au bout de ce temps, les conférences de mon père avec le bey furent terminées, et nous retournâmes à Constantine. Nous descendîmes chez le premier secrétaire du bey, et nous n'eûmes qu'à nous louer de lui pendant trois jours que nous passâmes dans la ville. Ensuite nous repartîmes, et le jour même de notre départ je tombai malade de la fièvre. Ma maladie s'aggrava, et il n'en fallut pas moins me mettre en route et marcher en avant. Jamais je n'ai fait voyage pareil à celui-là, avec des souffrances pires que tout ce que l'on peut imaginer. Cela fut cause qu'il m'arriva des aventures désagréables, au nombre desquelles je citerai la suivante seulement. J'avais coup sur coup des sueurs et des frissons : quand ceux-ci me prenaient, je restais sur le dos de ma mule. Mais quand ils cessaient, et que la chaleur me revenait, je perdais tout-à-fait connaissance de ce qui se passait (1). Je restais en arrière de la caravane, je mettais pied à terre, je me couchais à l'ombre que faisait le corps de ma mule, qui restait immobile, et je demeurais là sans savoir ce que j'y faisais. Toutes les fois-que cela m'arrivait, mon père finissait par s'apercevoir de mon absence, et lorsqu'il ne me voyait plus, il renvoyait quelques-uns de ses gens en arrière pour me chercher. Ils me trouvaient dans l'état que je viens de conter, couché à l'ombre de ma mule. Ce qu'il y a d'étonnant, c'est que je sois resté isolé bien des fois comme cela, sans qu'un lion ou quelque autre bête féroce soit tombée sur moi pour me dévorer.

Je restai dans cet état tout le long de la route, dont je n'ai conservé aucun souvenir. Pendant tout le temps qu'elle dura, je fus comme un fou et je ne vis rien. Mon père eut

---

(1) *Narhib min eloûdjoud*, littéralement : *je disparais de l'existence.*

des craintes très-vives pour ma vie. Au lieu de l'aider à
monter à cheval, ce fut lui qui fut obligé de m'aider. Je
me rappelle seulement qu'une nuit nous arrivâmes à un
douar dans lequel nous descendîmes. On nous donna
d'abord quelques figues, et du lait ensuite. Comme j'étais
très-malade, je ne pouvais ni manger ni boire. A peine
fûmes-nous arrivés que je m'endormis, et quand vint une
heure du matin, on me réveilla et l'on me dit : venez dîner. Je m'approchai pour voir ce qu'on nous servait, et
j'aperçus un plat rempli de kouskous. Il était couvert d'une
espèce de croûte blanche. Comme je ne devinais pas ce que
c'était que ce mets, je demandai à mon père : qu'est-ce que
c'est que ce ragoût blanc ? — Je ne le sais pas plus que
toi, me répondit-il. J'étendis la main, et je trouvai que
ce n'était autre chose qu'une couche de graisse épaisse de
deux doigts. Le kouskous était caché là-dessous. Cela me
dégoûta, et je ne pus en manger. Le maître de la maison
vint ensuite avec deux plats sur la tête, l'un contenant des
poules échaudées, et l'autre de la viande bouillie. — Donnez
votre main, dit-il. Nous la tendîmes, et il donna à chacun
de nous au moins trois livres de viande. J'étais fort embar-
rassé de ma ration, et je me dépêchai de la passer aux
Arabes qui étaient avec nous. Je me remis alors à dormir,
pensant que cela valait beaucoup mieux que de manger.

Le lendemain nous partîmes de là, et nous continuâmes
notre route jusqu'au jour où nous arrivâmes à Annaba (1).

Quand nous fûmes parvenus aux postes avancés des Français, comme nous étions accompagnés d'un fort détache-
ment d'Arabes, la garde nous força d'arrêter. Mon père
s'avança, montra le sauf-conduit qui lui avait été donné par
le duc de Rovigo, et l'on nous laissa passer aussitôt avec

---

(1) *Annaba*, c'est Bone.

notre escorte arabe, do la conduite de laquelle nous nous portâmes garants. Nous nous rendîmes chez le général, et ensuite on nous fit descendre chez l'intendant militaire. (Là nous eûmes la visite de Jousof, qui nous fit beaucoup de politesses, parce que nous le connaissions. Il nous souhaita la bien venue de la manière la plus expansive. Au milieu de tous ses compliments, il me dit : j'ai une jolie mule dont je veux vous faire cadeau. Je lui répondis que je ne pouvais l'emmener avec moi, mais qu'il n'avait qu'à me l'envoyer. Il me promit de le faire ; mais je n'ai rien vu, et n'en ai plus jamais entendu parler. Du reste, je ne tins pas grand compte de sa promesse. )

Nous demeurâmes dix jours à Bone, et pendant ce séjour ma maladie s'aggrava encore. Je fus fatigué de visites de médecin, visites qui demeurèrent inutiles. Nous nous embarquâmes enfin sur une frégate de guerre française, et nous partîmes pour Alger.

Pendant la traversée, Dieu me rendit la santé (1). Quand nous fûmes arrivés après sept jours de navigation, nous débarquâmes. Personne à Alger ne pensait que notre retour fût possible, au point que les membres de ma famille voulaient porter notre deuil. Tout le monde fut émerveillé de nous voir de retour sains et saufs. Je désirais vivement depuis long-temps reprendre mon régime d'Alger. Dès que je m'y remis, je ne pus supporter ce changement de nourriture, et je retombai malade. Je restai à la campagne, sans venir à la ville ; et les Algériens prétendirent que mon père m'avait défendu de venir, pour m'empêcher de divulguer ses secrets ; mais c'était complètement faux. (Au bout de trois jours de repos, mon père reçut du duc de Rovigo

---

(1) *Fafy 'lbahr farradj Allah aleïa ou bareït*, littéralement : *et sur la mer Dieu me mit en liberté, et je fus guéri.*

l'ordre de retourner immédiatement à Constantine. J'étais au lit lorsque mon père me dit : Veux-tu revenir là-bas avec moi. Je lui répondis (1) que j'étais prêt. Je fis des efforts extraordinaires et je me levai. Mais quand ma mère me vit décidé à partir, elle se mit à crier et dit à mon père : veux-tu donc tuer ton fils ! Il n'a rien, répondit-il, le voyage le guérira. Ma mère s'opposa de toutes ses forces à mon départ, et finit par l'emporter. Je restai donc, et je pleurai de laisser partir mon père sans moi. Il prit avec lui mon beau-frère Sidy-Ismaïl, et partit pour Bone par le bateau à vapeur. Là le cheïkh qui habite les bords d'el Bahhira vint le prendre, et le fit escorter par des cavaliers jusqu'à Constantine. Il y resta un nouveau mois, et en revint encore en bonne santé, grâce à Dieu ! Leur retour nous causa une grande joie. Quand mon père fut revenu, il sut quels étaient les personnages qui avaient mis nos têtes à prix. Il alla leur faire une visite et prendre le café avec eux, comme s'ils eussent été ses meilleurs amis.

Peu de temps après, le duc de Rovigo partit pour Paris. Au bout de quelques autres jours, mon père nous annonça son dessein de partir aussi pour Paris, afin d'y réclamer les indemnités qui lui étaient dues pour la ruine de ses propriétés et pour les contributions forcées qu'on lui avait extorquées. Il me prit avec lui. Je vins donc à Paris, et depuis, Dieu a voulu que notre réunion eût lieu. Voilà tout ce que j'avais à vous conter. Salut !

_______________

(1) *Radjabthou dissamé ou etthaa*, littéralement : *je lui répondis par l'audition et l'obéissance.*

METZ,

Chez VERRONNAIS, Imprimeur-Libraire et Lithographe,
Rue des Jardins, n.º 14.